ANALISI DEL LIBRO

AF126391

Lolita

• • • • • • • • • • • • • •

VLADIMIR NABOKOV

ANALISI DEL LIBRO

Scritto da Margot Pépin
Tradotto da Sara Rossi

Lolita

· ·

Vladimir Nabokov

VLADIMIR NABOKOV

SCRITTORE AMERICANO DI ORIGINE RUSSA

- **Nato a San Pietroburgo nel 1899**
- **Morto in Svizzera nel 1977**
- **Opere degne di nota:**
  - *La difesa* (1930), romanzo
  - *Il dono* (1937), romanzo
  - *Lolita* (1955), romanzo

Vladimir Nabokov nasce nel 1899 da una famiglia aristocratica russa. Durante la Rivoluzione russa è costretto a lasciare il suo Paese e si rifugia in Europa, dove inizia a studiare letteratura e scrive le sue prime opere. Pubblica in particolare *La difesa* (1930) e *Il dono* (1937), che gli valgono il riconoscimento di scrittore di lingua russa.

Nabokov si trasferisce negli Stati Uniti e acquisisce la cittadinanza americana nel 1945. Si rifiuta di tornare in URSS e scrive in inglese. Diviene molto famoso presso questo nuovo pubblico. La sua fama esplode su scala mondiale nel 1955 con la pubblicazione di *Lolita*. In seguito pubblica numerosi romanzi. Muore in Francia nel 1977. È stato uno scrittore chiave del XX secolo.

LOLITA

UN ROMANZO SCANDALOSO

- **Genere:** romanzo
- **Edizione di riferimento:** Nabokov, V. (2000) *Lolita*. Londra: Penguin
- **Prima edizione:** 1955
- **Temi:** passione, infanzia, desiderio, vendetta, gelosia, il mito di Salomè

Lolita è l'opera più conosciuta di Nabokov. Racconta la passione particolarmente sfortunata di Humbert, un uomo di quarant'anni, per Dolores Haze, una "ninfetta" americana di soli 13 anni. Una versione attenuata di questa trama si trova ne *L'incantatore* (1939), che lo stesso autore descrive come "il primo piccolo palpito di *Lolita*".

Le case editrici americane lo rifiutarono all'unanimità e così il manoscritto fu pubblicato per la prima volta a Parigi nel 1955, all'interno di una raccolta di romanzi rischiosi e scandalosi. La pubblicazione suscitò uno scandalo pubblico, tanto che il libro fu più volte bandito dalla circolazione.

SINTESI

Il libro inizia con una nota dell'editore, che dichiara che la storia è basata sul manoscritto di Humbert. Ci dice che quest'ultimo è morto in prigione e che anche Lolita è morta. Questa intercessione da parte di un editore fittizio mira a dare una dimensione realistica e autobiografica al testo.

UN AMORE D'INFANZIA CHE HA CAMBIATO TUTTO

Humbert, il narratore, è un uomo di circa trent'anni. Descrive i suoi rapporti con le donne, dominati dal desiderio per le ragazze giovani. Per spiegare questa attrazione, ricorda la sua infanzia in Europa e la sua "fase Annabel" (p. 8), il suo primo amore all'età di tredici anni. Racconta la passione che lo univa alla ragazzina della sua età e lo shock per la sua morte improvvisa. Vede questo periodo della sua vita come l'innesco della sua futura attrazione per le "ninfette", che hanno caratteristiche particolari: una ninfetta deve essere prepuberale, tra i nove e i quattordici anni. Pur essendo graziosa, non è necessariamente la ragazzina più bella: dipende dall'istinto del narratore, l'unico in grado di individuare la "natura ninfica" (p. 10) di una giovane. Queste fasi del suo passato "pre-Lolita" sono sorvolate. Sono visibilmente presenti per dare al lettore i mezzi necessari per valutare il suo carattere.

Dopo il fallimento del suo primo matrimonio, si trasferisce in America, dove cade in depressione. Lì incontra la famiglia Haze, che affitta una stanza a Ramsdale, e descrive il suo primo sguardo a Lolita, sdraiata nella "piazza": "...e, da una stuoia in una pozza di sole, mezza nuda, inginocchiata, che si girava sulle ginocchia, c'era il mio amore della Riviera che mi scrutava con gli occhiali scuri" (p. 25). A poco a poco, assistiamo all'inizio di un gioco di seduzione, condotto in modo infantile da Dolores, ma che soddisfa il narratore.

Da quel momento in poi, inizia a scrivere un diario in cui descrive il suo desiderio totalizzante per la ragazza e i suoi tentativi di avvicinarsi a lei, giorno dopo giorno. Di sfuggita, descrive anche la madre della ragazza prepuberale, Charlotte Haze, che ritiene una fastidiosa "vecchia gatta" (p. 31). Ma l'eccitazione di Humbert si interrompe quando la donna annuncia di voler mandare la figlia a un campeggio estivo. Poco dopo, la signora Haze gli dichiara improvvisamente il suo amore. Humbert è inizialmente respinto dall'idea, ma vede subito l'opportunità che gli si presenta: stare vicino alla sua ninfetta per un tempo indefinito ("Immaginavo [...] tutte le carezze casuali che il marito di sua madre avrebbe potuto elargire alla sua Lolita. L'avrei tenuta contro di me tre volte al giorno, tutti i giorni", p. 46). Accetta quindi di sposare la signora Haze e diventa il padre di Lolita.

Il diario descrive poi i cinquanta noiosi giorni trascorsi in compagnia di Charlotte Haze. Il mondo del narratore crolla quando la moglie annuncia la decisione di mandare Dolores in collegio per sempre: è in trappola. Ma un incidente pone fine al loro crudele matrimonio: La signora Haze trova il diario del marito. Devastata, fugge dalla casa e viene investita da un'auto. Muore, proprio come nei folli sogni di Humbert. Inizia una nuova vita.

UNA PASSIONE TOTALIZZANTE

Humbert va a prendere Dolores al campo, in veste di padre. Le dice che la madre è malata e che stanno andando a trovarla in ospedale. La ragazzina ricomincia immediatamente il suo ingenuo gioco di seduzione. Passano la notte in un albergo. È allora che, secondo Humbert, Lolita segna una svolta nella loro relazione, fino a quel momento innocente: "Pensavo che sarebbero trascorsi mesi, forse anni, prima che osassi rivelarmi a Dolores Haze; ma alle sei era già sveglia e alle sei e quindici eravamo tecnicamente amanti. Vi dirò una cosa molto strana: è stata lei a sedurmi" (p. 88). Ma Lolita è scoraggiata e sembra comprendere e rimpiangere quanto è accaduto. Il narratore le racconta anche della morte della madre. Di conseguenza, lui è diventato l'unica famiglia che lei ha.

Il narratore racconta l'interminabile viaggio, simile a una fuga senza fine, che compie con Lolita attraverso l'America, dai motel ai bungalow, dai litigi al perdono: "Eravamo stati ovunque. In realtà non avevamo visto nulla" (p. 115). Tra Humbert e Lolita si instaura un rapporto teso, basato su ricatti e bugie. Alla fine Humbert decide di porre fine al loro viaggio, sia nella speranza di ritrovare una vita normale sia per motivi economici. Si trasferiscono a Beardsley, dove Lolita torna a studiare privatamente. Qui prende lezioni di teatro e appare in un'opera dello scrittore Quilty. Cerca anche di avere più libertà, ma il narratore rifiuta. Humbert, nel frattempo, ha trovato un lavoro: è diventato professore universitario. Ma le preoccupazioni e la gelosia lo divorano a poco a poco. Dopo l'ennesimo litigio feroce, la ragazza chiede se possono tornare a viaggiare.

I due intraprendono un viaggio, con Lolita che definisce l'itinerario. Humbert si accorge presto che un uomo li segue e cerca di entrare in contatto con la ragazza. Lolita fa il doppio gioco, ma il narratore sceglie di ignorarlo. Quando però si ammala e viene ricoverata in ospedale, nel "fatidico Elphinstone" (p. 163), ne approfitta per fuggire con un uomo misterioso, che si rivela essere Quilty. In seguito ammetterà a Humbert che lui è "l'unico uomo di cui sia mai stata pazza" (p. 181).

Humbert è profondamente ferito e si mette alla ricerca di lei, informandosi nei motel, dove il suo rapitore lascia indizi beffardi. Devastato, finisce per abbandonare la sua missione. Un anno dopo, incontra Rita, che diventa la sua compagna e una fonte di sostegno: "[...] è stata la compagna più rassicurante e comprensiva che abbia mai avuto, e certamente mi ha salvato dal manicomio" (p. 172). Diversi anni dopo, riceve una lettera da Lolita: è sposata, incinta e vuole dei soldi dal suo "caro papà" (p. 177). Si reca immediatamente all'indirizzo della giovane donna e di suo marito, Dick. Dolores non ha più le qualità di "ninfetta", ma l'amore "a prima vista, a prima vista, a prima vista" che suscita in Humbert lo costringe a chiederle di fuggire con lui. Lei rifiuta, ma alla fine gli racconta della sua scomparsa con Quilty. Apprendiamo che lui l'ha usata e abbandonata. Humbert è sotto shock. Va a casa di Quilty con una pistola. Quilty è ubriaco e incoerente. Il narratore lo sottopone a una tortura mentale, in una sorta di processo simbolico, e vendica Lolita giustiziandolo come un animale.

STUDIO DEL CARATTERE

HUMBERT HUMBERT

Humbert Humbert è sia la figura del narratore che il personaggio principale di *Lolita*. È nato a Parigi nel 1910. Rappresenta l'archetipo dell'europeo raffinato e colto: è un intellettuale riservato, professore di letteratura e specialista quando ne ha voglia. Il suo aspetto fisico non viene descritto: sappiamo che non è niente di speciale, ma che è seducente e ha successo con le donne.

Humbert è molto instabile mentalmente – è stato detenuto due volte in un reparto psichiatrico. È un bugiardo e un manipolatore, consapevole della sua superiorità intellettuale. Non si preoccupa delle convenzioni ordinarie e non cerca di seguire le norme sociali. La sua passione per Lolita è il centro della sua esistenza e al di fuori di essa non può stabilire legami sociali. In questo modo, è perennemente fuori sincrono con la realtà.

La relazione avuta all'età di tredici anni è parte integrante della comprensione del suo personaggio: "In effetti, forse non ci sarebbe stata nessuna Lolita se non avessi amato, un'estate, una certa ragazza-bambina iniziale" (p. 5). Lo shock per la morte dell'amata sembra averlo intrappolato in quella fase della sua vita; la sua ossessione per le giovani ragazze mostra la ricerca dell'amore che ha perso troppo presto.

DOLORES HAZE

Dolores è nata nel 1935. È stata cresciuta dalla madre, Charlotte, con la quale non va particolarmente d'accordo. Ha dodici anni quando inizia la storia. Ci sono molte descrizioni del suo aspetto fisico, tutte inverosimili, scritte da Humbert. Ai suoi occhi, lei è la vera incarnazione della "ninfetta". Apprendiamo che è snella, con lentiggini e capelli castani.

Lolita è una ragazza vivace e impertinente. Anche secondo l'opinione di Humbert, non è molto intelligente ed è piuttosto superficiale. Viene presentata come il risultato finale della società americana consumistica di massa degli anni Cinquanta. Nel romanzo, sebbene sia visibilmente l'istigatrice delle prime relazioni romantiche con il narratore, è ancora una vittima schiacciata degli eventi. È un'orfana ingenua e sperduta, e quindi un facile bersaglio per Humbert e Quilty. Non raggiunge mai lo status di "donna".

CHARLOTTE HAZE

Charlotte Haze è la vedova di Harold E. Haze e si è recentemente trasferita a Ramsdale. Sebbene venga spesso descritta in modo molto negativo da Humbert, egli ammette che è una bella donna, con una femminilità notevolmente intensificata. Come la figlia, Charlotte è un po' volgare, poco colta e poco sveglia. Il modo in cui il narratore la descrive, tuttavia, è evidentemente inaffidabile e i lettori devono valutare da soli il suo carattere.

Non è spesso presente e ha un ruolo secondario nella storia, come possiamo vedere dalle poche informazioni che apprendiamo su di lei. Tuttavia, è una figura importante nell'opera per il suo rapporto con la figlia. Non è affatto indulgente con Dolores ed è gelosa di lei: sembra vederla più come una rivale nella ricerca dell'affetto di Humbert che come sua figlia. La eleva al rango di "donna incompleta", con molte conseguenze.

CLARE QUILTY

Clare Quilty è un personaggio invisibile, ma onnipresente. Viene regolarmente menzionato, ma sempre in modo indiretto, sia che si parli degli altri personaggi, sia che si parli semplicemente della sua voce ("Stavo per allontanarmi quando la sua voce si rivolse a me", p. 84), fino alla sua apparizione nella scena finale dell'omicidio. La presenza implicita di Quilty lo rende un personaggio minaccioso. Le allusioni su di lui sparse in tutta l'opera sono indizi del suo significato.

Clare Quilty è un drammaturgo moderatamente famoso e un essere decadente. Potrebbe essere visto come il doppio di Humbert, suo contemporaneo. Hanno entrambi la stessa età, usano lo stesso tipo di linguaggio e desiderano Lolita. Il loro confronto finale è quindi inevitabile. Uccidendolo, Humbert si punisce allo stesso tempo per i suoi "crimini", che sono simili; solo la punizione è diversa.

ANALISI

LA FORMA AUTOBIOGRAFICA

Humbert, secondo il fittizio John Ray, il presunto editore, avrebbe chiamato il manoscritto *Lolita o la Confessione di un maschio bianco vedovo*. Questo titolo ci ricorda le *Confessioni* di Rousseau (scrittore francese, 1712-1778), opera pionieristica del genere autobiografico, di cui qui possiamo vedere una parodia. Vale la pena ricordare anche che Humbert è uno specialista della letteratura francese.

Il narratore, infatti, sovverte le regole dell'autobiografia enunciate da Rousseau nella sua prefazione: assoluta sincerità, ammissione dei peccati e coerenza, mostrando "tutta l'integrità della natura". Non è questo il caso di *Lolita* in cui:

- il tempo è completamente decostruito: il racconto è formato da distorsioni e digressioni, senza preoccuparsi della reale durata degli eventi. Humbert non rispetta la linearità della sua esistenza e mostra nel suo approccio di voler raccontare solo ciò che trova interessante (Capitoli 1-5);

- Humbert esprime spesso rammarico e disperazione per l'angoscia di Lolita: "E ci sono stati momenti in cui ho saputo come ti sentivi, ed è stato un inferno saperlo, piccola mia. Ragazza Lolita, coraggiosa Dolly Schiller" (p. 189). Ma queste ammissioni sono sporadiche e spesso rivolte a una giuria comprensiva: "Signori della giuria! Abbiate pazienza!" (p. 82);

- la sua confessione è caratterizzata da disonestà, compiacimento e laboriose giustificazioni: "La disposizione della legge romana, secondo la quale una ragazza può sposarsi a dodici anni [...] è ancora conservata [...] in alcuni Stati Uniti" (p. 90); "è stata lei a sedurmi" (p. 88). La sincerità del personaggio è costantemente messa in dubbio;

- ci chiediamo se Humbert sia un narratore affidabile. Sappiamo che ha problemi psicologici (è stato più volte ricoverato in ospedale) e che gli piace mentire. Dichiara persino la sua inclinazione all'invenzione, il che contraddice totalmente la sua affermazione di stare confessando.

Così, in questa presunta biografia, possiamo vedere una satira del genere e della sua intrinseca ipocrisia.

IL MITO DI SALOMÈ SI RIACCENDE

Lolita può essere considerata, per molte ragioni, una versione moderna del mito di Salomè, raccontato nel Vangelo: La figlia di Erodiade, una giovane ragazza, viene usata dalla madre per manipolare il marito Erode. Erodiade chiede a Salomè di danzare per lui. Catturato dalla bellezza e dal fascino della figliastra, le dice che può chiedergli tutto ciò che vuole. Lei chiede la testa di Giovanni Battista su un piatto d'argento.

I ruoli narrativi del trio sono gli stessi in entrambi i casi: la ragazza seduce il patrigno sotto gli occhi della madre.

Il potere fatale di Salomè è nella sua giovinezza e nella sua grazia, oltre che nella sua danza sensuale. Dolores, invece, è una "ninfetta" che affascina Humbert. Lui le chiede di ballare per lui, dopo averle promesso varie cose. Il paragone è quindi evidente:

> "In certe serate avventurose, a Beardsley, l'avevo anche fatta danzare per me con la promessa di qualche regalo, e [...] i ritmi delle sue membra non proprio nubili mi avevano dato piacere" (p. 152).

Salomè è sinonimo di distruzione sia per il profeta Giovanni Battista che per il re Erode, che perde il libero arbitrio e ogni controllo sulle proprie azioni. Lo stesso vale per la sconsiderata Lolita, che tiene in pugno il destino di Humbert e provoca la morte di Clare Quilty (oltre che, indirettamente, quella di sua madre).

Infine, Salomè è definita come il "mito della lotta perpetua tra uomo e donna, carne e spirito, irrazionalità e intelletto".[1] (Brunel, 1988). Questo potrebbe essere applicato anche alle relazioni tra Humbert e Lolita o, più in generale, alle relazioni di Humbert con le donne.

L'INFLUENZA DI LILITH SU NABOKOV

Lolita, il soprannome scelto da Humbert, è un evidente paragone fonetico con Lilith. Nabokov chiarisce questo legame in questa frase: "Humbert era perfettamente in grado di avere rapporti con Eva, ma era Lilith che desiderava" (p. 12). La poesia intitolata "Lilith", scritta da Nabokov nel 1928, dimostra che egli conosceva bene il mito. Nella poesia presenta una ragazza molto simile alla nostra eroina moderna.

Secondo la tradizione ebraica, Lilith fu la prima moglie di Adamo, prima che questi la mandasse via dal paradiso terrestre. In seguito divenne una succube (un demone che assume le sembianze di una donna per sedurre un uomo). È un'incarnazione di un demone sessuale, una femme fatale e una dominatrice.

Humbert insiste ripetutamente sul lato demoniaco della sua amata, e delle "ninfette" in generale: "[...] la loro vera natura che non è umana, ma ninfica (cioè demoniaca)" (p. 10). Come Lilith, Lolita rifiuta di essere soggiogata, tradisce l'uomo e fugge, condannandolo all'inferno. Simboleggia la distruzione e l'influenza demoniaca della donna.

Lilith è l'antitesi della donna arcaica rappresentata dalla dolce Eva, seconda moglie di Adamo, che è sia sposa che madre. Charlotte Haze rappresenta la femminilità adulta che Humbert rifiuta a favore di Lolita. Lilith, invece, rappresenta la donna incompleta, che rifiuta la sessualità tradizionale e la procreazione. Lolita interpreta il ruolo di Lilith, la bambina che l'uomo non può sposare perché non possiede nessuno dei suoi attributi. L'ultima illustrazione di questa incapacità di essere donna si può vedere nella morte di Dolores durante il parto, che dà alla luce una figlia nata morta. Lilith non raggiunge il grado di Eva.

LA POSTERITÀ DI LOLITA

La parola "Lolita" è ormai un sostantivo di uso comune. La usiamo per descrivere una giovane adolescente stereotipata, il cui comportamento non è in linea con la sua età reale. Sarebbe troppo semplicistico dire che questa descrizione corrisponde al personaggio originale, che è molto più complesso e ambiguo. L'eroina di Nabokov è stata quindi estrapolata dal romanzo ed è diventata un'icona moderna a sé stante. Il personaggio è fuggito dal suo autore.

Le ragioni di questo eccezionale successo sono da ricercare in gran parte nel contesto di pubblicazione dell'opera: *Lolita* fu pubblicata nel 1955, quando la società consumistica era in piena espansione in Europa e soprattutto negli Stati Uniti. Sébastien Hubier spiega questo fenomeno:

> "*[Gli innocenti intraprendenti] sono inizialmente paragonati a figure mitiche antiche prima di diventare essi stessi un mito moderno, direttamente legato alla crescita della società consumistica e all'irruzione della cultura popolare. Per questo sono così strettamente legati alle caratteristiche e ai grandi conflitti di quest'ultima [...]*" (Hubier, 2007).

Lolita è quindi una nuova figura di femme fatale bambina, coerente con la realtà di una società moderna in evoluzione: il consumo come stile di vita, il culto della giovinezza e del corpo, ecc. Rappresenta tutte queste perturbazioni.

ULTERIORI RIFLESSIONI

ALCUNE DOMANDE SU CUI RIFLETTERE...

- Il romanzo fa riferimento ad alcuni luoghi comuni sulla differenza tra la vecchia Europa e l'America. Quali? Come vengono illustrati?

- Cosa rende *Lolita* un romanzo inquietante? Commentate la seguente citazione: "[Humbert] è anormale. [...] Ma come per magia il suo violino che canta riesce a evocare una tenerezza, una compassione per Lolita che ci rende estasiati dal libro pur aborrendo il suo autore!" (p. 4).

- Nabokov ha dichiarato: "... *Lolita* non ha una morale. Per me un'opera di narrativa esiste solo nella misura in cui mi offre quella che chiamerò senza mezzi termini beatitudine estetica..." (p. 210). Commentate questo.

- Non è la prima volta nella storia della letteratura che il protagonista di un romanzo è moralmente spregevole. Fornite altri esempi.

- Ci sono elementi di un romanzo poliziesco in *Lolita*? Spiegate la vostra risposta.

- Secondo voi, qual è il vero ruolo della madre nella trama di *Lolita*? Il suo rapporto con la figlia è significativo?

- Come pensate che il romanzo di Nabokov sarebbe stato accolto se fosse stato pubblicato al giorno d'oggi?

- Lolita, diventando un sostantivo comune, è diventata un'icona moderna. Fornite alcuni esempi di riprese di personaggi o della trama del romanzo di Nabokov nella letteratura, nel cinema, nella musica, ecc.

ULTERIORI LETTURE

EDIZIONE DI RIFERIMENTO

Nabokov, V. (2000) *Lolita*. Londra: Penguin.

STUDI DI RIFERIMENTO

Brunel, p. (1988) *Dictionnaire des mythes littéraires*. Parigi: Edizioni du Rocher.

Couturier, M. (2010) Prefazione. In V. Nabokov, *Lolita*. Parigi: Gallimard.

Hubier, S. (2007) *Lolitas et petites madones perverses: émergence d'un mythe littéraire*. Digione: EUD.

ADATTAMENTI CINEMATOGRAFICI

Lolita, film di Stanley Kubrick, con James Mason, Sue Lyon, Shelley Winters e Peter Sellers, 1962. La sceneggiatura del film era stata originariamente scritta dallo stesso Nabokov, ma alla fine Kubrick la utilizzò solo come ispirazione. Nabokov, tuttavia, si dichiarò soddisfatto del film. Rimane fedele al libro, ma dà un ruolo più importante al personaggio di Quilty, che nel romanzo di Nabokov è un po' secondario. Kubrick, invece, mette Peter Sellers più volte in primo piano nel film, fin dall'inizio: è anche un personaggio meno minaccioso.

Lolita, film di Adrian Lyne, con Jeremy Irons, Dominique Swain, Melanie Griffith, Frank Langella, 1997. Questo secondo film è più fedele al romanzo, in quanto riduce Clare Quilty a un personaggio secondario e si concentra maggiormente sul passato di

Humbert e sulle sue prime esperienze con le "ninfette". Lyne fornisce una versione più esplicita dei rapporti sessuali tra Humbert e Lolita, cosa impossibile negli anni Sessanta, poiché il film di Kubrick era soggetto a censura.

Vogliamo sapere da voi!
Lasciate un commento sulla vostra biblioteca online
e condividete i vostri libri preferiti sui social media!

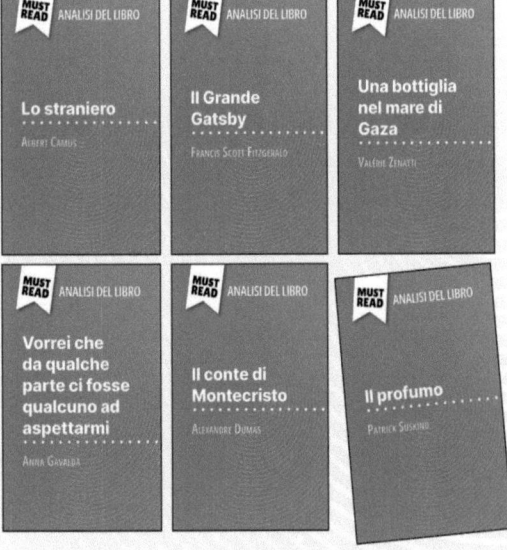

www.50minutes.com

Master ISBN: 9782808690577
ISBN cartaceo: 9782808611978
Deposito legale: D/2023/12603/1477

Copertura: © Primento

Concezione digitale a cura di Primento, il partner digitale degli editori.